SIM, EU QUERO. SIM, EU POSSO.

EU SEREI RICO

Joan Pont

Para Cristian

EU SEREI RICO

© Joan Pont Galmés (2024)

Todos os direitos reservados.

1 - NO PONTO DE PARTIDA.

Caro amigo, vamos começar com alguns números:

A riqueza é distribuída de forma muito desigual em nível global. Assim, em 2023, mais da metade da população mundial tinha uma riqueza de menos de US$ 10.000, enquanto apenas 1,2% possuía mais de um milhão de dólares.

Há muitas maneiras de ficar rico, como peças de reposição, máquinas Pachinko e criação de porcos. Mas se você quiser maximizar suas chances de entrar na lista anual dos mais ricos do mundo, aqui estão dez setores que oferecem o caminho mais comum para o clube exclusivo:

1. Finanças e investimentos

372 bilionários. 14% do total.

O mais rico: Warren Buffett (US$ 106 bilhões), Presidente e CEO da Berkshire Hathaway.

2. Manufatura

324 bilionários. 12% do total.

Mais rico: Reinhold Wuerth e família (US$ 29,7 bilhões), presidente do fabricante de fixadores Wuerth Group.

3. Tecnologia

313 bilionários. 12% do total.

O mais rico: Jeff Bezos (US$ 114 bilhões), fundador da Amazon e proprietário do Washington Post e da empresa de foguetes Blue Origin.

4. Moda e varejo

266 bilionários. 10% do total.

O mais rico: Bernard Arnault e família (US$ 211 bilhões), presidente e CEO da empresa de artigos de luxo LVMH e a pessoa mais rica do mundo.

5. Alimentos e bebidas

212 bilionários. 8% do total.

Mais rico: Zhong Shanshan (US$ 68 bilhões), presidente da empresa de água engarrafada Nongfu Spring. Ele também controla a Beijing Wantai Biological Pharmacy, que está listada na bolsa de valores.

6. Saúde

201 bilionários. 8% do total.

O mais rico: Cyrus Poonawalla (US$ 22,6 bilhões), fundador do Serum Institute of India, o maior fabricante de vacinas do mundo (por dose).

7. Setor imobiliário

193 bilionários. 7% do total.

O mais rico: Donald Bren (US$ 17,4 bilhões), presidente da empresa imobiliária californiana Irvine Co.

8. Diversificado

187 bilionários. 7% do total.

O mais rico: Mukesh Ambani (US$ 83,4 bilhões), presidente da Reliance Industries, com interesses em petroquímica, petróleo e gás, varejo e telecomunicações.

9. Energia

100 bilionários. 4% do total.

Mais rico: George Kaiser (US$ 13,3 bilhões), que assumiu a Kaiser-Francis Oil Company de sua família na década de 1960.

10. Mídia e entretenimento

91 bilionários. 3% do total.

O mais rico: Michael Bloomberg (US$ 94,5 bilhões), cofundador da empresa de mídia e informações financeiras Bloomberg LP.

Você sente inveja dessas pessoas? Ótimo, esse é um bom começo, porque nenhuma delas entrou nessa lista por acaso, embora, como veremos a seguir, a sorte seja uma parte fundamental da equação.

E qual é a outra parte mais importante? A atitude.

Se alguns dos bilionários da lista acima tivessem decidido se juntar aos três bilhões e meio de pessoas que trabalham a vida inteira para os outros, seus nomes nunca estariam escritos em letras douradas nas fachadas de suas sedes corporativas.

PARA GANHAR DINHEIRO, É NECESSÁRIO FABRICAR OU ADQUIRIR UM BEM TANGÍVEL OU INTANGÍVEL, TAMBÉM CHAMADO DE ATIVO, E OFERECÊ-LO A OUTROS POR UM

PREÇO MAIS ALTO DO QUE O PREÇO PELO QUAL FOI ADQUIRIDO.

Essa é a ideia básica com a qual trabalharemos neste livro.

A IDENTIFICAÇÃO DE OPORTUNIDADES é o fator principal, e os fatores secundários são o **PLANEJAMENTO FINANCEIRO** e o **CONTROLE DE RISCOS**.

Mas há também outros aspectos que não estão diretamente associados ao processo capitalista

A IDEIA DE TRABALHO REMUNERADO É ALGO QUE TEMOS DE TIRAR DE NOSSAS VIDAS.

Quando um jovem começa a procurar uma maneira de obter os recursos econômicos necessários para viver uma vida longa, de pelo menos setenta anos até sua morte, ele encontra milhares de possibilidades: encanador, programador de computador, garçom, mecânico, pedreiro, mas essas são apenas armadilhas para entrar no clube dos fracassados.

Continue lendo, pois vou tentar explicar como você pode sair do clube dos três bilhões e meio de perdedores e entrar para o clube mais exclusivo, no topo da pirâmide.

2- O QUE É O SISTEMA CAPITALISTA E COMO POSSO ME BENEFICIAR DELE PARA FICAR RICO?

Há quase 250 anos, o economista e filósofo Adam Smith escreveu "A Riqueza das Nações", no qual descreveu o nascimento de uma nova forma de atividade humana: o capitalismo industrial.

Isso levaria ao acúmulo de riqueza além do que ele e seus contemporâneos poderiam ter imaginado.

O capitalismo impulsionou as revoluções industrial, tecnológica e ecológica, remodelou o mundo natural e transformou o papel do Estado em relação à sociedade.

Ele tirou inúmeras pessoas da pobreza nos últimos dois séculos, elevou significativamente os padrões de vida e levou ao desenvolvimento de inovações que melhoraram radicalmente o bem-estar humano.

Abaixo você lerá uma definição de capitalismo. Trata-se de uma definição técnica, mas é necessária para entender suas virtudes e defeitos.

CAPITALISMO é um sistema econômico e social no qual os meios de produção são de propriedade privada, o mercado serve como um mecanismo para alocar recursos escassos de forma eficiente e o capital serve como fonte de geração de riqueza.

Os fatores fundamentais de produção são o trabalho e o capital. O capitalismo propõe que a mão de obra seja fornecida em troca de salários monetários e deve ser livremente aceita pelos funcionários. A atividade econômica é organizada de forma que aqueles que possuem os meios de produção possam obter lucro econômico e aumentar seu capital. Os bens e serviços são distribuídos por meio de mecanismos de mercado, promovendo a concorrência entre as empresas. O aumento do capital por meio de investimentos ajuda a gerar riqueza. Se as pessoas buscarem o lucro econômico e a concorrência no mercado, a riqueza aumentará. E com o aumento da riqueza, os recursos disponíveis aumentarão.

Parte da crítica ao capitalismo é a visão de que ele é um sistema caracterizado pela exploração da força de trabalho humana, constituindo o trabalho como apenas mais uma mercadoria. Essa condição seria sua principal contradição: meios de produção privados com força de trabalho coletiva, portanto, enquanto no capitalismo a produção é coletiva, o usufruto da riqueza gerada é privado, uma vez que o setor privado "compra" o trabalho dos trabalhadores com salários.

O que queremos ser no sistema capitalista, já que somos aspirantes a milionários?

Está bem claro, não é?

NÃO QUEREMOS SER A FORÇA DE TRABALHO COLETIVA, MAS DESFRUTAR DO CAPITAL PRIVADO.

No entanto, o sistema financeiro em que vive 90% da população mundial é estruturado na forma de uma pirâmide, de modo que, estatisticamente, todos ao nascerem têm 98% de chance de fazer parte da massa de trabalhadores, em vez de desfrutar dos benefícios do topo.

Na base da pirâmide, há bilhões de trabalhadores que dão sua força de trabalho às empresas em troca de um salário, **MAS NÃO QUEREMOS SER UM DELES, NÃO É?**

UMA PARTE MUITO IMPORTANTE PARA ATINGIR ESSA META É A ATITUDE.

Muitas vezes, os jovens trabalhadores optam por viver na base da pirâmide porque aspiram à tranquilidade de um salário fixo a cada semana ou mês ou porque suas famílias sempre pertenceram à classe trabalhadora e suas aspirações de mudar de status não recebem o apoio ou o entusiasmo necessários. Nesses casos, o fracasso nos negócios é visto como uma punição para a pessoa que está tentando alcançar outro nível social e é uma barreira psicológica muito difícil de superar.

Nos casos de pessoas bem-sucedidas nos negócios, mas oriundas de famílias de trabalhadores pobres, geralmente são pessoas que saíram de casa cedo para estudar no exterior ou trabalhar em outros países, e lá não são mais limitadas pela falta de ambição de suas famílias.

Por outro lado, essas pessoas que não se atrevem a tentar mudar olham para as pessoas que tiveram sucesso, pensando que nunca serão assim.

Vejamos alguns exemplos da evolução dos principais bilionários cujas famílias não estavam no topo da pirâmide capitalista:

1 - Elon Musk. Musk passou sua infância em Pretória, na África do Sul, com o nariz enfiado em livros e computadores. Ele era uma criança pequena e introvertida, ostracizado por seus colegas de escola e regularmente espancado pelos meninos grandes da classe. Apesar de ter criado e vendido um videogame para uma empresa aos 10 anos de idade, foi somente quando se separou da família e se mudou para o Vale do Silício, na Califórnia, EUA, no verão de 1995, que ele iniciou sua bem-sucedida carreira empresarial.

O exemplo de Elon Musk nos mostra que, em muitos casos, afastar-se da influência das pessoas ao seu redor para iniciar seu negócio sem medo de ser criticado se fracassar, por exemplo, mudando de cidade ou país, é a melhor opção.

2 - Jan Koum.

Este homem, nascido em 1976 em Kiev, na Ucrânia, teve que deixar seu pai para trás aos 16 anos de idade para buscar novas oportunidades nos Estados Unidos com sua mãe e avó. Para manter a estabilidade da família e o pequeno apartamento que conseguiram, Koum teve que trabalhar em um supermercado e sua mãe como babá; no entanto, a renda da família ainda era insuficiente para ter uma boa alimentação; por esse motivo, eles tiveram que se inscrever em um programa de proteção social e receber tíquetes semanais, conhecidos como "food stamps", para poder receber alimentos em uma cantina comunitária.

Durante esses anos difíceis, Koum despertou uma grande paixão pela tecnologia e aprendeu a programar de forma autodidata. Anos mais tarde, depois de trabalhar em várias empresas de tecnologia do Vale do Silício, ele e seu amigo Brian Acton desenvolveram a primeira versão do WhatsApp em 2009.

O aplicativo ganhou popularidade gradualmente e chamou a atenção de Mark Zuckerberg, fundador do Facebook. Durante dois longos anos, eles mantiveram negociações. Quando Jan Koum finalmente decidiu vender seu aplicativo para o Facebook por US$ 19 bilhões, o ucraniano impôs uma condição a Zuckerberg: o acordo deveria ser assinado no mesmo local onde, dia após dia, ele e sua mãe se sentavam para receber as refeições no sopão. Graças a essa venda, Jan Koum se tornou um dos homens de negócios mais ricos do mundo, com uma fortuna pessoal de mais de US$ 10 bilhões.

Esse é mais um exemplo de um bilionário que se afastou de sua família, embora não tenha se separado completamente dela, para conseguir uma mudança em seu status social.

Observando a vida dessas pessoas que chegaram ao topo da pirâmide, fica muito claro o que temos de fazer se nossa família estiver localizada na base da pirâmide e, portanto, soubermos que ela não nos apoiará em nossos projetos: afastar-se dela.

Mas distanciar-se deles não significa romper com eles. Os laços familiares são muito importantes na vida de todos. Quando os negócios começarem, precisaremos do apoio moral das pessoas que nos amam.

É claro que, se você está lendo este livro e tem filhos, precisa incentivá-los a ter projetos futuros para mudar seu status social. Muitas vezes, quando as famílias trabalhadoras incentivam seus filhos a estudar para subir na pirâmide social, é sempre para conseguir um bom emprego, e os negócios nunca estão no topo da lista de profissões ideais.

"Se você estudar, poderá se tornar um bom médico, ou um bom advogado, ou um bom engenheiro", essas são as frases mais repetidas nas famílias trabalhadoras, onde as pessoas que têm sucesso nos negócios e que são proprietárias das empresas em que trabalharam por gerações são pessoas que possuem qualidades especiais que não existem entre os membros de suas próprias famílias.

Se você é pai ou mãe e é tarde demais para tentar mudar sua vida, você deve pelo menos fazer com que seus filhos vejam aqueles que tiveram sucesso nos negócios como algo que eles também podem alcançar, algo que está ao alcance deles e não é exclusivo de algumas famílias muito privilegiadas.

MEU FILHO, SE QUISER, VOCÊ PODE SE TORNAR O PROPRIETÁRIO DE SUA EMPRESA E TER FUNCIONÁRIOS TRABALHANDO PARA VOCÊ.

NÃO É NECESSÁRIO TRABALHAR SEMPRE PARA OS OUTROS, COMO NÓS FIZEMOS.

Em toda família rica houve, em algum momento, uma pessoa que se desvinculou de suas origens humildes e tentou mudar, muitas vezes com a oposição das pessoas ao seu redor. E quando essas pessoas conseguiram ficar ricas, elas conseguiram fazer com que as gerações seguintes pensassem que tinham o direito adquirido de permanecer no topo da pirâmide, de modo que continuaram com o objetivo de aumentar suas fortunas e, normalmente, quando o objetivo é claro e definido, a pessoa consegue alcançá-lo mais cedo ou mais tarde.

A ATITUDE É A COISA MAIS IMPORTANTE ANTES DE INICIAR QUALQUER NEGÓCIO.

3 - BUSCANDO OPORTUNIDADES.

Este é o momento ideal para nos lembrarmos de nosso objetivo fundamental:

SER RICO

Para atingir nosso objetivo, é necessário realizar uma atividade comercial.

O comércio é uma atividade com fins lucrativos que consiste na troca de bens ou serviços entre um produtor ou fornecedor e um consumidor ou demandante. A troca ou transação ocorre no mercado econômico, que pode ser um espaço físico ou virtual.

A primeira dificuldade que uma pessoa que deseja abrir um negócio encontrará é identificar as oportunidades certas. Se esse primeiro impulso for bem-sucedido, o caminho a seguir será muito mais fácil.

Algumas oportunidades podem ser relativamente fáceis de encontrar, mas nem sempre é esse o caso. Você precisa desenvolver habilidades que o ajudarão a identificar oportunidades que talvez nem imaginasse que existissem antes. Você também precisa saber quais oportunidades valem a pena e quais não ajudarão a impulsionar seus negócios.

Às vezes, basta olhar ao redor e ver as necessidades das pessoas: faltam restaurantes na cidade? As empresas existentes precisam de fornecedores mais rápidos e ágeis? Os comerciantes são obrigados a importar do exterior um produto que eu poderia fabricar aqui? A cidade não tem vagas de estacionamento subterrâneo suficientes e eu posso usar lotes vazios para construir mais vagas e vendê-las ou alugá-las? Perguntas como essas são as que precisamos nos fazer ao explorar novas oportunidades. Estar ciente do que os comerciantes de sua área estão fazendo e do que não estão fazendo é uma tarefa essencial. Se você vir alguém aproveitando uma oportunidade que parece atraente, poderá considerar se essa também pode ser uma boa oportunidade para você. Monitorar os varejistas em sua cidade ou no segmento em que você gostaria de começar deve ser algo que você faça regularmente. Dessa forma, você pode acompanhar seus pontos fortes e fracos e, ao mesmo tempo, ficar de olho nas novas oportunidades que eles identificaram e que você pode ter perdido.

Pergunte a si mesmo o que está por vir. Que tecnologia ou avanço está por vir e como isso mudará o cenário dos negócios como o conhecemos? Você pode se antecipar?

Conserte algo que o incomoda. As pessoas preferem ter menos de algo ruim do que mais de algo bom? Se sua empresa puder resolver um problema para seus clientes, eles lhe agradecerão por isso.

Aplique suas habilidades em um campo completamente novo. Muitas empresas e setores fazem as coisas de uma maneira porque sempre foram feitas dessa forma. Nesses casos, um novo par de olhos de uma nova perspectiva pode fazer toda a diferença.

Use a abordagem melhor, mais barata e mais rápida. Você tem uma ideia de negócio que não é totalmente nova? Nesse caso, pense nas ofertas atuais e concentre-se em como você pode criar algo melhor, mais barato ou mais rápido.

Novas oportunidades podem surgir não apenas do seu ambiente imediato, mas também de fatores que afetam a macroeconomia, como

- Mudanças econômicas
- Políticas comerciais
- Normas sociais e culturais
- Políticas e regulamentações governamentais
- Avanços científicos
- Novos desenvolvimentos tecnológicos

Às vezes, para ter as melhores ideias, você precisa ampliar sua mente e pensar fora da caixa, o que pode incluir buscar inspiração em outros países. Você pode observar como outras empresas estão liderando o caminho e ver se há algo que elas estão fazendo que você possa replicar.

Basta ver como o Airbnb, o Uber e o Deliveroo cresceram em popularidade usando uma plataforma peer-to-peer semelhante. Embora todas essas empresas operem em setores muito diferentes, a forma como projetaram seus negócios é um modelo que pode ser replicado por outras iniciativas empresariais.

Duas em cada três pessoas que abriram uma empresa no ano passado o fizeram por terem percebido uma oportunidade. A natureza observadora e a curiosidade inata de muitos promotores são duas características que, sem dúvida, facilitam sua visão das oportunidades de negócios. O problema pode surgir quando esses visionários não conseguem distinguir entre oportunidades reais e oportunidades enganosas. Muitos veem uma oportunidade quando detectam um nicho de mercado, sem parar para analisar se realmente existem necessidades pessoais não atendidas. Em outras palavras, sem verificar se a ideia tem um público potencial. Outra armadilha é considerar que qualquer produto inovador é uma excelente oportunidade de negócios. Muitos produtos inovadores fracassam porque são muito caros para serem produzidos ou porque o público não encontra utilidade para eles.

As ideias para iniciar um negócio que pode levar ao sucesso e à riqueza são inesgotáveis, mas algumas delas podem incluir as seguintes:

Agências de limpeza, lavanderia e engomadoria.

Uma lavanderia e uma sala de secagem, um serviço integral de limpeza e engomadoria, uma agência que envia o pessoal necessário a residências e empresas para limpar negócios ou residências... Obviamente, o gasto para começar é maior, pois requer equipamentos, espaço físico e funcionários, mas esses tipos de serviços estão sempre em alta demanda.

Aplicativos para acomodações turísticas.

Você mora em uma área turística? Talvez então seu negócio possa ser criar um aplicativo móvel para oferecer apartamentos, casas rurais, acomodações..., para pessoas que vêm em datas especiais para passar as férias lá. O mais importante de tudo é criar um bom portfólio de proprietários dispostos a oferecer essas acomodações e anunciar seu aplicativo nas redes sociais.

Planejamento de casamentos.

Os planejadores de casamentos são especialistas em garantir que o dia mais bonito da vida de muitas pessoas seja lembrado apenas pelos aspectos positivos e não pelos negativos. Se você for bom na organização de eventos e tiver experiência nesse campo, a parte mais importante já foi feita. A seguir: divulgar seu negócio e oferecer um elemento diferencial que capte a atenção dos clientes em potencial e o distinga do restante da concorrência.

Entretenimento para festas infantis.

Esse tipo de negócio é muito apreciado se você gosta de crianças. Pintura facial, balões, contação de histórias e um número infinito de atividades podem ser o cerne da sua oferta, mas não se esqueça de oferecer uma atividade que o torne especial em comparação com outras empresas de entretenimento: você sabe fazer truques de mágica? Suas histórias são interativas? Não se esqueça de criar um site alegre e atraente que chame a atenção dos adultos que vão contratá-lo.

Acomodação para estudantes estrangeiros.

Assim como acontece com os aplicativos de acomodação para turistas, você pode ser o intermediário perfeito para oferecer hospedagem a estudantes vindos do exterior. Se você mora em uma cidade com campus universitário, isso pode ser ainda mais interessante, já que há muitos estudantes do ensino superior que viajam para outros países para aprender o idioma ou para concluir os estudos.

Fotografia aérea (e vídeo) com drones.

Há muitas empresas que precisam dos serviços de especialistas em drones para fotografias aéreas (por exemplo, para documentar o estado de uma área arborizada ou de um campo, ou para avaliar os danos após um desastre natural). Há também empresas de audiovisual que precisam de um drone para gravar vídeos de uma determinada cena. Você tem licença para pilotar drones? Aqui está seu negócio.

Salas de fuga.

É verdade que os locais de escape room tiveram um boom que agora acabou (embora ainda estejam em operação), mas o que faz muito sucesso é a instalação de jogos de fuga removíveis em espaços como escolas, empresas, ao ar livre..., para determinados eventos. Portanto, se você sabe como montar um jogo de fuga, sua chance está nesse tipo de instituição: entre em contato com eles e ofereça seus serviços e sua imaginação.

Conserto de dispositivos eletrônicos.

Isso está relacionado ao modelo de sustentabilidade e economia circular. Se há algum tempo a tendência era comprar um dispositivo e se desfazer do antigo, agora invertemos a situação e a tendência é prolongar a vida útil desses dispositivos o máximo possível. Essa é uma tendência fortemente influenciada pela ecologia e pela reciclagem de metais e terras raras.

Frota de entregadores.

Esse é um dos negócios que exige um investimento inicial, pois é preciso registrar um grupo de trabalhadores antes de começar, mas, por outro lado, você também pode fazer um estudo preliminar entre os restaurantes da área em que vai trabalhar para descobrir quantos clientes em potencial você tem e se esse modelo de negócios, que está cada vez mais em alta, é viável.

Há muitos exemplos de pessoas que, sem nenhuma experiência comercial anterior, tiveram uma ideia brilhante e chegaram ao topo da pirâmide.

Vamos dar uma olhada em alguns deles:

Diane Hendricks

Hendricks acredita no sonho americano porque já o viveu. Mãe adolescente que chegou a trabalhar como garçonete para pagar as contas, ela foi cofundadora da ABC Supply em 1982 e a transformou na maior distribuidora atacadista de telhados, revestimentos e janelas do país. Em

2007, Hendricks continuou a rápida expansão da empresa, comprando rivais e dobrando o número de lojas para 900. As receitas atingiram um recorde de US$ 15 bilhões em 2021. "Faremos cerca de US$ 18 bilhões em vendas este ano", diz Hendricks. "Não é mais uma empresa pequena."

Wu Yajun

Ela é a segunda mulher mais rica da China. Ela nasceu em uma família humilde, mas sua visão a levou a fundar a Longfor Properties, uma empresa de desenvolvimento imobiliário, com a qual conseguiu gerar uma fortuna, atualmente avaliada em US$ 8,3 bilhões. Wu Yajun deixou de ganhar 16 dólares por mês em uma fábrica para se tornar uma das mulheres mais ricas do mundo. Em 1993, depois de enfrentar uma série de problemas ao comprar seu primeiro apartamento, desde encontrar edifícios sem gás natural, com pouca luz solar ou sem elevador, Wu decidiu criar o que mais tarde se tornaria a Longfor Properties.

4- COMO INICIAR SEU NEGÓCIO. A BUSCA POR CAPITAL FINANCEIRO.

Algumas empresas não precisam de quase nenhum capital para começar. Por exemplo, consultoria de gestão, artes gráficas, contabilidade, só para citar alguns. Outros precisam de muito capital: fabricação de aço, automóveis e muitos outros.

O nível de investimento inicial que cada empresa precisa é uma questão de objetivos, ambições, natureza do negócio, além do tamanho do mercado e do potencial de crescimento e investimento. Existem diferentes potenciais e estratégias entre as diferentes empresas. Algumas são empresas com uma grande massa crítica (o ponto em que uma empresa em crescimento se torna autossustentável e não precisa mais de investimento adicional para permanecer economicamente viável) que precisam crescer muito ou não terão sucesso algum. Algumas são mais fáceis de crescer organicamente. Às vezes, a oportunidade de negócios é tão grande que é bom compartilhá-la com os investidores, mantendo menos propriedade, porque o investimento pode ser muito bem pago. Em outras ocasiões, o negócio tem um grande potencial para os proprietários, mas não para os investidores.

É mais fácil obter financiamento em alguns mercados do que em outros. O investimento-anjo, por exemplo (uma forma de investimento de capital privado em que um investidor individual fornece capital para uma empresa iniciante ou em estágio inicial), é mais fácil nos países desenvolvidos do que nos países em desenvolvimento. O dinheiro de fundações e ONGs é mais importante na África e na América Latina do que nos Estados Unidos. O fundador de uma empresa na África tem uma situação muito mais difícil do que o fundador nos EUA, no Reino Unido, etc.

É muito mais fácil obter investimento externo quando os fundadores já iniciaram novos negócios do que quando é a primeira vez. Fundadores confiáveis têm um caminho muito mais fácil para o investimento externo.

O investimento em amigos e familiares está muito mais disponível para aqueles que têm amigos e familiares com recursos do que para aqueles que não têm.

Empréstimos bancários estão disponíveis para pessoas que têm ativos para hipotecar ou solvência financeira adequada, e não para pessoas que não têm.

Não existe um método exato para levantar o capital para iniciar seu negócio, mas ele existe, está lá, e é seu trabalho fazer o que puder para levantá-lo enquanto luta contra a mentalidade de "não ter dinheiro".

Muitas vezes, a mentalidade de "não ter dinheiro" era apenas mais uma desculpa para evitar um possível fracasso. Muitas pessoas que gostariam de abrir uma empresa ficam presas por anos no "jogo da culpa" com argumentos como estes:

"Odeio isso; sempre estaremos presos a essa economia ruim. Quando isso vai mudar?"

"É impossível competir neste mercado, pois os concorrentes não seguem as regras!"

"Meus professores não estão dando as aulas corretamente; eu não entendo nada!"

"Meus pais não apoiam meus sonhos e não posso fazer isso sozinho."

Temos de ter cuidado quando caímos nesses pensamentos de vítima. Geralmente, trata-se de um estado mental subconsciente. Essas desculpas se tornam a maneira perfeita de justificar para a sociedade e o mundo ao nosso redor nossa incapacidade de superar os desafios da vida.

SE A FALTA DE CAPITAL O ESTÁ IMPEDINDO, PROVAVELMENTE VOCÊ TEM UMA MÁ IDEIA.

Então, por quanto tempo você continuará esperando para encontrar o capital de que sua ideia de startup precisa? Você está progredindo diariamente? Você tem um plano de negócios? Um discurso de vendas? Ou está apenas sentado culpando o resto do mundo?

"Mas Joan, você não está entendendo! Eu tenho a ideia perfeita de um bilhão de dólares, só preciso que alguém me apresente ao Elon Musk."

OK, talvez você tenha a próxima ideia de um bilhão de dólares, mas reconheça que, se não for capaz de executar sua ideia maravilhosa, você precisa seguir em frente até o momento certo.

DE QUALQUER FORMA, A GRANDE QUESTÃO É: COMO POSSO ABRIR UMA EMPRESA SEM CAPITAL?

A resposta é:

A criatividade é gratuita! Você não precisa de dinheiro para inventar algo. A propriedade intelectual e os segredos comerciais podem ser muito valiosos. Patentes, marcas registradas, direitos autorais, etc.

A disciplina é gratuita! Você não precisa de dinheiro para criar sua marca pessoal. Eduque-se. Compartilhe suas ideias com o mundo por meio das mídias sociais. Escreva um livro. Crie vídeos. Entre no espaço dos líderes de pensamento. Com o tempo, seu nome será valioso.

A autoeducação é gratuita! Não é preciso dinheiro para aumentar sua experiência em uma das muitas mudanças tecnológicas atuais. O poder da autoeducação está em toda a Web.

Um exemplo:

A criptomoeda Bitcoin foi criada em 2008 sem nenhum investimento prévio pelo enigmático **Satoshi Nakamoto**. Nakamoto foi a primeira pessoa a minerar a criptomoeda, em uma época em que cada bloco minerado dava uma recompensa de 50 Bitcoins, embora naquela época o bitcoin fosse uma moeda desconhecida e seu valor fosse zero.

Diferentemente dos mineradores de Bitcoin de hoje, Satoshi não dividiu essas recompensas com milhares de outros usuários do pool de mineração, mas ficou com toda a recompensa para si. Hoje, o preço do Bitcoin está na faixa de cinco dígitos de dólares.

Entre janeiro e julho de 2009, acredita-se que Satoshi tenha minerado mais de 1 milhão de Bitcoins no total, o que o torna o minerador mais prolífico da história do Bitcoin.

Sabe-se que ele ainda não as vendeu, portanto o valor atual da fortuna de Nakamoto é de US$ 12 bilhões.

Continuamos:

O treinamento é gratuito! Você não precisa de dinheiro para fazer trabalho de consultoria. Suas experiências de vida podem ser muito lucrativas se você encontrar pessoas que estejam dispostas a pagar por elas.

O pensamento é gratuito! Você não precisa de dinheiro para resolver problemas.

Usar seu conhecimento é gratuito! O conhecimento vale mais do que ouro na era digital.

MAS, ALÉM DE TUDO ISSO, O QUE VOCÊ PRECISA É: TRABALHO DURO!

5- COMO INICIAR SEU NEGÓCIO. COMPRAR UMA EMPRESA.

A primeira etapa na aquisição de uma empresa é encontrar empresas à venda, portanto, você deve procurar uma empresa à venda em sua própria rede. Pesquisas mostram que a maioria das aquisições de empresas ocorre dentro de redes existentes. Isso faz sentido, pois o conhecimento prévio do setor facilita muito o desenvolvimento de negócios, mas não é essencial.

Portanto, comece com sua própria rede privada e de negócios e mencione que está interessado em adquirir uma empresa. Você também pode conversar com seus amigos, empresas de consultoria, seu banco ou consultar revistas especializadas.

Para ter uma ideia do tipo de negócio que está procurando, faça um perfil de pesquisa. Nesse perfil, pergunte a si mesmo o que planeja fazer para tornar o negócio bem-sucedido.

- Do que você gosta?

- No que você é bom?

- Que desafios você quer superar?

- O que lhe dá energia?

- O que drena sua energia?

As informações fornecidas pelo vendedor devem formar a base de seu plano de negócios.

O **PLANO DE NEGÓCIOS** é um documento que permite que o empreendedor analise a situação atual do mercado, do setor e do ambiente. O plano de negócios reúne essas informações e permite que o empreendedor apresente seu negócio a investidores, aceleradores, etc., e explique como será sua start-up e quais serão as próximas etapas. É um documento vivo que deve ser sempre atualizado.

O **PLANO DE EMPRESA**, por outro lado, descreve e analisa as oportunidades disponíveis para a empresa de acordo com a viabilidade do setor. Ele também estabelece as metas e expectativas de curto, médio e longo prazo e as estratégias a serem seguidas para alcançá-las.

Por que você deve fazer um plano de negócios?

- O plano de negócios servirá como um roteiro e uma análise estratégica.
- Ele permite que você conheça o setor e a concorrência.
- Ele o ajuda a verificar a coerência interna do projeto.
- Estudar a viabilidade técnica e econômica do projeto.
- Facilita a comunicação da ideia a possíveis investidores, parceiros, clientes...

Um **PLANO DE EMPRESA**, o ajuda a vislumbrar o futuro em curto prazo.

O objetivo mais importante de um plano de negócios é tomar uma decisão bem pensada.

- Observe atentamente os pontos fortes e fracos da empresa, mas também a si mesmo como empreendedor.

- Observe as oportunidades e ameaças ao seu mercado, os desenvolvimentos nacionais ou internacionais e como eles influenciam o sucesso do negócio.

- Converse com clientes, fornecedores e concorrentes, ouça, observe e analise.

- Estabeleça acordos claros com o vendedor.

- Pesquise o registro comercial para obter mais informações, como declarações comerciais e retornos anuais.

Dessa forma, você terá a certeza de obter todas as informações de que precisa.

Vamos analisar os elementos mais importantes ao investir em uma empresa existente:

1 - Lucratividade.

Você precisa avaliar a lucratividade potencial de uma empresa antes de investir dinheiro nela.

Preste muita atenção a esses fatores:

- O mercado-alvo.

- Custos de produção.

- Despesas operacionais.

- E as possíveis margens de lucro.

2 - Avalie os riscos.

A avaliação dos riscos associados a um investimento é um fator fundamental para um empreendedor. Isso significa pensar nos riscos financeiros, legais, de mercado e de conformidade regulatória, entre outros.

3 - Viabilidade Por quanto tempo o negócio será sustentável?

Você precisa ter certeza de que a empresa em que planeja investir pode ter um desempenho adequado a longo prazo. Isso significa avaliar a estabilidade do mercado-alvo, os recursos tecnológicos, os recursos humanos, a infraestrutura e os recursos financeiros, entre outros.

4 - Flexibilidade.

Uma das premissas básicas de todas as empresas é a permanência no tempo, portanto, a empresa candidata a ser comprada deve ser flexível para se adaptar às mudanças do mercado. Portanto, você deve avaliar se a empresa tem a capacidade de mudar e se adaptar às mudanças no setor e no ambiente.

E não se esqueça desses outros aspectos:

Tenho dinheiro para começar? O capital inicial necessário deve ser suficiente para cobrir os custos iniciais de produção e operação, bem como o capital de giro.

O que vou fazer para melhorar a empresa que quero comprar? Procure novas maneiras de melhorar a eficiência de sua empresa para reduzir custos e aumentar a lucratividade. Use a automação de processos: use a automação de processos para reduzir os custos operacionais e aumentar a eficiência.

Os clientes atuais permanecerão fiéis? Seus esforços precisam estar concentrados em cuidar de sua atual base de clientes lucrativos, mas você também precisa buscar novos clientes e oferecer tarifas mais competitivas para aumentar a demanda por seus serviços. Considere a possibilidade de oferecer novos serviços e produtos relacionados ao seu negócio para atrair novos clientes. Por exemplo, ofereça serviços de consultoria para gerar renda adicional e ofereça serviços de treinamento para ajudar seus clientes a aprimorar suas habilidades e conhecimentos. Se eles não existiam antes, você também pode desenvolver programas de fidelidade para recompensar seus clientes e promover a fidelidade à sua marca.

Explore novas tecnologias para aprimorar o processo de produção e reduzir os custos operacionais.

Desenvolva a marca de sua empresa. Use o marketing para desenvolver e promover sua marca e sua empresa para aumentar a demanda e a lucratividade. Incluir a marca pessoal da sua equipe.

Desenvolva os relacionamentos existentes e explore novas parcerias com outras empresas para aumentar as oportunidades de negócios e a lucratividade.

Explorar novos canais de vendas para aumentar o alcance de seus produtos e serviços.

Explore a possibilidade de desenvolver alianças estratégicas com outras empresas para gerar mais receita. (Embora não seja fácil encontrar boas alianças).

Use o marketing digital para promover sua empresa e o marketing de conteúdo para atrair novos clientes. Use o marketing de afiliados para aumentar o tráfego na Web e gerar mais receita.

Explore novas fontes de financiamento para levantar recursos para sua empresa. Por exemplo, crowdsourcing.

O fato de não ter o plano de negócios correto costuma ser a causa do fracasso de um em cada quatro empreendedores que estão apenas começando.

Não basta ter uma boa ideia, é essencial estudar como torná-la viável. A principal causa do fechamento de uma nova empresa é o fato de os custos que o empreendedor tem de enfrentar serem maiores do que os lucros.

A maioria dos projetos bem-sucedidos é desenvolvida em mercados que já existiam ou estavam maduros. Quanto menor a experiência e o conhecimento prévios do setor em que estão envolvidos, maiores as chances de fracasso.

Mesmo que a empresa ofereça um bom produto, se o empreendedor não for capaz de torná-lo conhecido e fornecer um serviço de distribuição adequado, é como se ele não existisse.

Entretanto, em vez de pensar no fracasso como um erro, o empreendedor deve vê-lo como uma oportunidade de aprender e melhorar para o futuro.

É preciso aprender com os fracassos e, se eles ocorrerem, não hesite em começar de novo, quantas vezes forem necessárias, pois essa é a melhor maneira de realizar seus sonhos e chegar ao topo da pirâmide.

A vitalidade se revela não apenas na capacidade de persistir, mas também na capacidade de começar de novo.

6- ANÁLISE DE RISCO

A análise de risco de uma empresa começa depois que todos os possíveis eventos de risco foram identificados. O objetivo da análise não é apenas estimar possíveis perdas, mas também evitar que elas ocorram.

Por exemplo, uma análise de risco de crédito, um dos principais tipos de riscos financeiros, avalia a possibilidade de um devedor não ser capaz de cumprir suas obrigações.

O gerenciamento de riscos financeiros deve levar em conta os fatores internos e externos que dão origem às ameaças.

Os fatores internos são aqueles produzidos pela própria atividade comercial da empresa. Uma má gestão de caixa ou problemas de produção são riscos que podem afetar as contas e o valor de mercado de uma empresa.

Os fatores externos, por sua vez, são condições políticas, econômicas ou sociais que afetam o desempenho de uma empresa, como crises econômicas, instabilidade da taxa de câmbio, mudanças em um setor ou políticas governamentais. O método mais simples para realizar uma análise de risco financeiro de uma empresa é combinar a probabilidade de ocorrência de um risco e as possíveis perdas financeiras que ele pode causar.

Para iniciar o processo de identificação de riscos de sua análise de riscos, você deve se fazer as seguintes perguntas:

- Qual é a probabilidade de ocorrência desse evento de risco?
- Qual seria o impacto e a gravidade se ele ocorresse?
- Qual é o nosso plano de resposta a esse risco?
- Levando em conta a probabilidade de sua ocorrência e o impacto que ele poderia ter, que nível de prioridade você atribuiria a ele?
- Quem é responsável caso esse risco se torne realidade?

Quando tiver todas as respostas, você continuará com o processo de gerenciamento de riscos priorizando os riscos, propondo soluções e fazendo um acompanhamento regular.

RISCOS DE INICIAR UM NEGÓCIO.

Os riscos de abrir uma empresa podem ser internos, como a perda de recursos familiares, riscos operacionais, tensões em seus relacionamentos pessoais e riscos externos, como a aceitação do cliente em relação ao seu produto ou serviço, mudanças no mercado ou falta de liquidez.

INCERTEZA

O principal risco de abrir uma empresa é o medo da incerteza, pois isso pode ser o fim de sua ideia antes mesmo de começar, mas há muitos ditados populares em países de todo o mundo para superar essa armadilha, como "sem risco, sem ganho". É preciso ter em mente que o risco é inerente a tudo na vida, e não menos importante ao iniciar um negócio.

PERDA DE RECURSOS.

Se você trabalhava com um salário mensal e deixou o emprego para se tornar um empresário, a renda fixa que tinha todo mês desaparecerá, além do capital que investiu no novo negócio.

Se você preparar e analisar cuidadosamente o plano de negócios e cada uma das decisões relacionadas, é menos provável que tenha de enfrentar esse risco.

RISCOS OPERACIONAIS

Erros de gerenciamento, erros de produção, riscos legais... Planejamento, treinamento e organização são vitais: você precisa priorizar prazos para todas as atividades e planos de ação que derivam do seu plano de negócios. Novas tarefas sempre aparecerão, mas quanto melhor você planejar, treinar e se organizar, menos surpresas terá.

TENSÕES EM SEUS RELACIONAMENTOS PESSOAIS APÓS UM PERÍODO DE LONGAS HORAS DE TRABALHO.

Abrir uma empresa exige muito esforço pessoal, que muitas vezes se traduz em horas de trabalho. Se você começar com atividades que já controla, poderá administrá-las sem prejudicar o tempo com sua família e amigos. O planejamento e a organização prévios também o ajudarão a lidar com esse risco.

RISCOS EXTERNOS DE INICIAR UM NEGÓCIO

Esses são riscos que dependem de causas externas ao negócio. Você poderá reagir a eles, mas não dependerá de você se eles ocorrerão ou não:

A maior ou menor aceitação do seu produto ou serviço: Um bom estudo de mercado é indispensável e o ajudará a saber se há demanda, mas o grau de aceitação do seu produto específico será conhecido quando você o lançar. Teste-os antes de abrir sua empresa e peça ajuda a pessoas de confiança. Isso permitirá que você os aperfeiçoe sem afetar sua marca (pessoal ou de produto).

Mudanças no mercado: aumento da concorrência, mudanças na demanda, etc. Para minimizar esse risco, você deve estar sempre informado e atento aos sinais de mudança. Uma mente flexível e aberta permitirá que você reaja rapidamente.

A possível falta de liquidez pode ser evitada tentando-se reduzir ao máximo os custos, principalmente os custos fixos e especialmente durante as fases iniciais do início das atividades. Entretanto, é possível iniciar um negócio sem dinheiro se você conhecer alguns truques que podem ajudá-lo.

Finalmente, como consequência de um ou mais dos riscos empresariais acima, a empresa pode não atingir as metas que você estabeleceu dentro do prazo definido, apesar de todo o seu planejamento, preparação e esforço. O segredo aqui é estar ciente de que isso pode acontecer e aproveitar a oportunidade para aprender e continuar tentando com mais preparação e experiência.

Como reduzir os riscos do empreendedorismo?

- Planejamento e organização
- Treinamento inicial e contínuo
- Informações
- Mentalidade construtiva e aberta
- Atitude flexível em relação às mudanças e agilidade de reação.

Estar ciente da existência desses riscos o ajudará a estar preparado para as contingências que possam surgir e a enfrentar os desafios que surgirem de maneira construtiva e eficiente. Por esse motivo, é essencial realizar um gerenciamento de riscos adequado na empresa e minimizar o impacto das ameaças.

Assumir os riscos do empreendedorismo, ter objetivos e motivações claros que o levem a empreender e colocar seu foco e concentração no projeto o ajudarão a conviver com a incerteza.

EXEMPLOS DE RISCOS DE INICIAR UM NEGÓCIO DO ZERO

Gerenciamento do fluxo de caixa: não obter dinheiro quando necessário (por meio de financiamento ou vendas) ou não reduzir os gastos excessivos.

Encontrar um nicho de mercado e comercializar seu valor: não encontrar um nicho de sucesso é o segundo motivo mais comum para o fracasso de uma empresa iniciante.

Funil de vendas ineficaz: mesmo depois de ter captado a atenção dos clientes e de eles terem entendido o seu valor, você precisa se certificar de que está gerando vendas de forma consistente. É muito importante medir o funil de vendas corretamente e ver onde ele está falhando.

Concorrência: outro risco para as pequenas empresas é a concorrência acirrada, especialmente se sua empresa estiver enfrentando organizações maiores com mais recursos.

Falta de escalabilidade: se você quiser aumentar a receita, mas perceber que o tamanho do mercado é limitado, precisará diversificar seus produtos e serviços e manter novos canais de receita. A diversificação dos negócios ajuda a evitar o investimento excessivo em um único produto e a manter a base de clientes existente e, ao mesmo tempo, encontrar novos clientes.

Superar a burocracia: violar regulamentos (mesmo que acidentalmente) pode causar imensos problemas para novas pequenas empresas. Portanto, os novos empreendedores devem se familiarizar com a legislação que rege seus negócios, incluindo processos alfandegários, taxas e prazos de impostos, legislação de proteção ao consumidor e requisitos de segurança.

Desafios operacionais: O gerenciamento operacional diz respeito à forma como a empresa é administrada, se é eficiente e se o tempo da organização está sendo usado de forma eficaz. As pequenas e médias empresas correm o risco de serem ultrapassadas por seus pares do setor e de perderem tempo em tarefas que hoje em dia deveriam ser automatizadas.

Esgotamento da empresa: não é possível administrar uma pequena empresa com sucesso sem ter a cabeça fria. Se você se sentir irritado, cansado ou esquecido, tente reservar um tempo para si mesmo e seja disciplinado quanto ao tempo de descanso necessário.

Optar por táticas de vendas rápidas em vez de desenvolvimento de longo prazo: certas táticas no espaço do comércio eletrônico, como dropshipping, são arriscadas, pois priorizam ganhos de curto prazo em vez de sustentabilidade de longo prazo.

Expandir para um novo mercado: embora existam riscos associados à realocação de novas pequenas empresas, como novos costumes culturais a serem aprendidos e estruturas legais a serem cumpridas, as complexidades operacionais tornaram-se mais simplificadas do que nunca.

Vejamos agora um exemplo de fracasso e sucesso:

Segway

A Segway foi uma empresa inovadora que surgiu com o emblema da revolução da mobilidade, mas teve um triste fim.

A história da Segway mostra que a empresa estava realmente à frente de seu tempo.

Lançada em 2001 com a promessa de revolucionar a maneira como as pessoas se locomovem nas cidades, a Segway enfrentou todos os tipos de obstáculos. Ao longo do caminho, não conseguiu alcançar algo que é fundamental para sua sobrevivência a longo prazo: a lucratividade.

A produção do veículo original de duas rodas, popular entre guias turísticos e equipes de segurança (não tanto entre o público em geral), chegou ao fim quando a fábrica de New Hampshire (nos EUA) decidiu interromper a produção definitivamente.

Inventado pelo engenheiro norte-americano Dean Kamen, o Segway foi lançado com sucesso, mas enfrentou problemas para atrair o público. Além disso, os repetidos acidentes ganharam popularidade na mídia e nas redes, o que prejudicou muito sua massificação.

Comprado em 2015 por sua rival chinesa Ninebot, o veículo também foi alvo de piadas e chegou a se envolver em acidentes com pessoas muito famosas.

Entre os acidentes com o peculiar transporte, que prometia ser de fácil utilização, destaca-se o que envolveu o ex-presidente dos Estados Unidos George W. Bush, em 2003. Outro dos incidentes que mais marcaram o inovador transporte ocorreu em meio ao Campeonato Mundial de Atletismo em 2015, quando o jamaicano Usain Bolt foi atropelado por um cinegrafista em um Segway enquanto o atleta comemorava sua quarta vitória consecutiva nos 200 metros rasos.

No entanto, o fim trágico para a empresa ocorreu quando o bilionário proprietário da empresa morreu após cair de um penhasco no Reino Unido enquanto usava um dos veículos. James William Heselden caiu no rio Wharfe enquanto usava seu Segway em West Yorkshire, apenas 10 meses depois de comprar a empresa em 2009.

PFIZER

A Pfizer Pharmaceuticals foi fundada em 1849 pelo químico Charles Pfizer e pelo confeiteiro Charles Erhart. Ambos eram imigrantes alemães que haviam chegado recentemente aos Estados Unidos.

O conceito original do negócio era vender produtos químicos finos. O pai de Pfizer concedeu um empréstimo aos empreendedores para que pudessem abrir sua fábrica no Brooklyn. Seu primeiro medicamento foi um remédio para vermes estomacais, que a princípio tinha um gosto muito ruim, até que eles decidiram dar a ele um sabor de doce.

Charles Pfizer era o que tinha mais habilidades de liderança. Também não lhe faltava trabalho duro: Pfizer começou entregando seus produtos de casa em casa, primeiro a pé e depois de carruagem.

Em 1862, a Guerra Civil exigiu a produção de grandes quantidades de analgésicos e antissépticos para os exércitos. Isso permitiu que a empresa expandisse sua produção. Ela até se tornou a principal fornecedora de produtos químicos do país.

Em 1868, as receitas da Pfizer haviam dobrado. Além disso, sua linha de produtos havia crescido consideravelmente. Ela produzia medicamentos, conservantes e desinfetantes.

Em 1936, a Pfizer tornou-se líder mundial na produção de vitamina C.

Cinco anos depois, o governo dos EUA pediu à empresa farmacêutica que acelerasse a produção de penicilina. Naquela época, a Segunda Guerra Mundial deu um novo impulso à empresa.

A terramicina foi o primeiro medicamento patenteado pela Pfizer. Sua capacidade de produção em massa permitiu que ela se tornasse a maior fabricante do mundo.

Em 1952, a Pfizer decidiu impulsionar suas linhas de pesquisa e estabeleceu sua Divisão Agrícola. Dessa forma, a empresa começou a se dedicar à saúde animal.

Apenas três anos depois, a empresa estava operando em países como Canadá, Brasil, Panamá, Porto Rico, Cuba, Bélgica e Inglaterra.

Em 1960, a empresa estava no ponto mais diversificado de sua história. Ela produzia de tudo, de medicamentos a perfumes. Além disso, seu mercado incluía produtos petroquímicos e o setor de animais domésticos e de estimação.

A partir dessa década, a Pfizer expandiu sua base de pesquisa e continuou a inovar em produtos farmacêuticos.

O maior sucesso de vendas da Pfizer foi a pílula azul Viagra. Formulado como um anti-hipertensivo, seus efeitos colaterais permitiram que fosse usado para tratar a disfunção erétil.

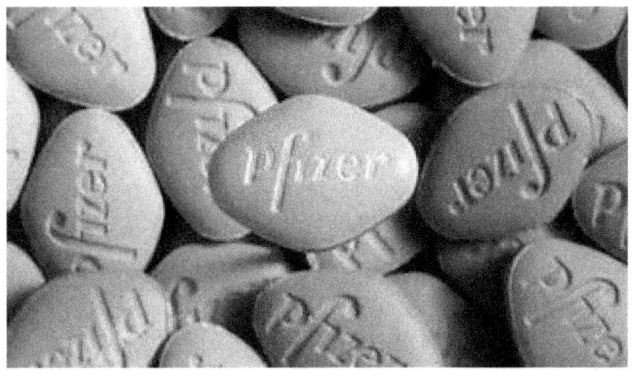

A diversificação tem sido a chave do sucesso da Pfizer desde sua fundação.

7 - OUTSOURCING. UMA ABORDAGEM ESTRATÉGICA PARA REDUZIR CUSTOS.

A terceirização tem sido uma palavra de ordem no mundo dos negócios há algum tempo. Ela se refere ao processo de contratação de uma empresa externa para lidar com determinadas funções de negócios em vez de executá-las internamente. A terceirização é uma abordagem estratégica para reduzir custos que pode proporcionar vários benefícios para empresas de todos os portes.

Economia de custos

Um dos benefícios mais importantes da terceirização é a economia de custos. Ao terceirizar determinadas funções, as empresas podem reduzir seus custos gerais, como salários, benefícios e espaço de escritório. A terceirização também permite que as empresas tenham acesso a habilidades e conhecimentos especializados a um custo menor do que a contratação de funcionários em tempo integral. Por exemplo, uma empresa pode terceirizar seu departamento de marketing on-line para um provedor externo, economizando o custo de contratação e treinamento de profissionais de marketing.

Aumento da eficiência

A terceirização também pode aumentar a eficiência de uma empresa, permitindo que ela se concentre em suas principais funções de negócios. Ao terceirizar funções auxiliares, como folha de pagamento, contabilidade e atendimento ao cliente, as empresas podem liberar tempo e recursos para se concentrar em seus objetivos principais. Essa maior eficiência pode levar a uma maior produtividade e lucratividade.

Acesso a habilidades e conhecimentos especializados

A terceirização oferece acesso a habilidades e conhecimentos especializados que podem não estar disponíveis internamente. Por exemplo, uma empresa pode terceirizar seu departamento de marketing para um fornecedor externo especializado em marketing digital. Isso permite que a empresa aproveite as mais recentes técnicas e tecnologias de marketing sem precisar investir em treinamento ou contratar novos funcionários.

Escalabilidade

A terceirização também pode proporcionar escalabilidade às empresas, permitindo que elas ajustem suas operações de forma rápida e fácil para atender às demandas em constante mudança. Por exemplo, uma empresa pode terceirizar sua produção para um fornecedor externo, o que lhe permite aumentar rapidamente a produção durante os períodos de pico sem precisar investir em novos equipamentos ou contratar mais funcionários.

Mitigação de riscos

A terceirização também pode ajudar as empresas a reduzir os riscos, transferindo determinadas responsabilidades para um fornecedor externo. Por exemplo, uma empresa pode terceirizar sua segurança de dados para um fornecedor externo especializado em segurança cibernética. Isso pode ajudar a reduzir o risco de violações de dados e outras ameaças à segurança.

Vantagem competitiva

Ao terceirizar determinadas funções, as empresas podem obter uma vantagem competitiva sobre seus concorrentes. A terceirização permite que as empresas tenham acesso a habilidades e conhecimentos especializados que podem não estar disponíveis internamente, permitindo que elas ofereçam melhores produtos e serviços aos seus clientes.

De modo geral, a terceirização pode proporcionar vários benefícios para empresas de todos os portes.

Com a redução de custos, o aumento da eficiência, o acesso a habilidades e conhecimentos especializados, a escalabilidade, a redução de riscos e a obtenção de uma vantagem competitiva, a terceirização pode ajudar as empresas a atingir suas metas e a ter sucesso no ambiente de negócios competitivo de hoje.

8- CONTROLE DE DESPESAS.

Agora vou falar sério: o Excel para controlar as despesas de sua pequena empresa... não é suficiente.

No início, ela funciona muito bem, mas quando a empresa cresce, o desempenho da planilha fica aquém do esperado.

Assim que você acumula algumas despesas a mais do que está acostumado, o caos se instala.

E o caos tem consequências: pagamentos duplicados, despesas perdidas, reembolsos intermináveis e falta de informações para aumentar a lucratividade da empresa.

Quais são os custos para uma pequena empresa?

Mas é melhor começar com outra pergunta:

O que as pequenas empresas têm que as grandes não têm?

Em geral, um volume menor de operações.

Isso gera menos trabalho e, por essa razão, a contabilidade com o Excel parece ser suficiente.

O problema começa quando você não percebe que sua empresa cresce e várias novas despesas aparecem ao mesmo tempo. Nesse caso, é muito provável que algumas delas sejam deixadas de fora da contabilidade da empresa.

E isso leva a pagamentos de impostos abaixo do ideal.

A tributação descontrolada resulta em pagar mais do que deveria, o que é totalmente contrário ao objetivo de aumentar a lucratividade de qualquer empresa, especialmente uma pequena.

Pagamentos e reembolsos com dinheiro próprio

Isso é especialmente verdadeiro para pagamentos com seu próprio dinheiro, seja em dinheiro ou cartão.

Quando se paga com cartão, tudo fica registrado e sempre pode ser verificado para confirmar que não se esqueceu de nenhuma despesa, embora isso não seja o ideal.

O que acontece quando um funcionário de uma pequena empresa faz um pagamento com uma nota de US$ 50 porque não está com o cartão?

Essa despesa precisa ser corroborada pela contabilidade, que solicitará ao funcionário a fatura simplificada para justificá-la.

Se tudo correr bem, será iniciado um processo de reembolso, que geralmente leva semanas, período durante o qual o trabalhador ficará sem seus US$ 50.

E se o trabalhador tiver que adiantar US$ 50 em dinheiro e outros US$ 230 com seu próprio cartão?

Você também perderá o controle do fluxo de caixa.

Sempre deve haver dinheiro no caixa de uma empresa. Ou, pelo menos, deve haver um controle exaustivo de quanto dinheiro há, quanto sairá em breve e quanto haverá em algumas semanas.

Se o controle de despesas da sua pequena empresa não for exaustivo, a improvisação criará um fluxo de caixa descontrolado e aumentará o risco financeiro.

O que acontecerá se, de repente, você tiver de lidar com um investimento inesperado? Se não houver dinheiro no caixa, os problemas começam.

AS DESPESAS SE TORNAM O INIMIGO E NÃO O CONTRÁRIO.

Essa falta de controle o levará a enfrentar despesas.

E você começa a pensar nas despesas como uma ameaça, algo que vai contra a sua estratégia de crescimento... quando na verdade não deveria ser assim.

As despesas devem ser pagas e prejudicam as contas da pequena empresa, mas também podem ser o impulso definitivo para o negócio começar a crescer.

As despesas, por exemplo, permitem otimizar seu calendário tributário para deduzir todos os impostos possíveis.

O controle exaustivo das despesas da sua empresa permite que todas elas sejam localizadas e contabilizadas, para ajudá-lo a pagar menos trimestre a trimestre ou mês a mês.

AS DESPESAS TEM QUE SER SEMPRE SUAS ALIADAS.

Despesas mais comuns de uma pequena empresa

O primeiro passo para controlar os gastos de uma pequena, média ou grande empresa é conhecê-los.

Obviamente, vai depender do setor a que a empresa pertence. As de uma florista não terão as mesmas despesas que as de um escritório de advocacia.

Despesas diretas: são aquelas que têm a ver com a produção do pequeno negócio, como materiais, fornecedores ou trabalhadores.

Despesas indiretas: o contrário, como aluguel de escritório ou equipamentos de informática.

Despesas fixas: são sempre as mesmas, ocorram mais ou menos, como aluguel de escritório ou salário de pessoal administrativo

Despesas variáveis: essas despesas são afetadas pelo aumento ou diminuição da produção. São materiais e matérias-primas, custos de fornecedores, trabalhadores, etc.

Despesas operacionais: compra de materiais, salários de todos os trabalhadores e despesas de envio.

Despesas não operacionais: nada têm a ver com a atividade da empresa; multas e sanções, pagamentos de juros sobre empréstimos...

As despesas não operacionais, por mais inesperadas que sejam, são extremamente perigosas para os pequenos negócios que, muitas vezes, improvisam o controle de seus gastos.

Como reduzir despesas na sua pequena empresa.

Verifique assinaturas

As assinaturas de programas ou serviços são um recurso fantástico, porque os pagamentos mensais costumam ser pequenos e rendem muito por muito pouco.

O problema que eles têm é que quando deixam de ser usados, por serem tão baratos, continuam a ser pagos caso você precise deles novamente.

É assim que as semanas passam e de repente você percebe que US$ 50 por mês durante dois anos foram totalmente desnecessários.

Revise periodicamente todas as assinaturas que a empresa está pagando. Você pode encontrar um que foi usado apenas por um ex-funcionário que não está mais lá.

Controle muito bem os fornecedores.

O relacionamento com seus fornecedores também é uma forma de reduzir despesas na sua empresa.

É possível que ao avaliar os fornecedores ideais e formalizar o contrato, isso lhe pareça fantástico. Bom preço, boas condições... Sua empresa é pequena e você tem a impressão de que o fornecedor está lhe fazendo um favor.

Mas agora que esse tempo passou você viu que está fazendo um favor a ele pela quantidade de pedidos que faz a ele.

Por que você não aproveita isso?

Trata-se de renegociar com ele, um preço melhor ou melhores condições, com a garantia de que o seu pequeno negócio tem cumprido escrupulosamente desde que começou.

Mas e se você gerenciar seus fornecedores e concentrar tudo nisso?

É uma boa forma de fazer com que ele reduza o preço: pedindo mais quantidade.

Se você comprar 1.000 unidades por US$ 30, pagará US$ 30.000 por 1.000 unidades, a US$ 30 por unidade.

A essa despesa você teria que somar o que paga aos outros seis fornecedores com quem trabalha.

No total $ 140.000.

Se você centralizar tudo no mesmo e comprar 15 mil unidades por R$ 20, você pagará R$ 100 mil, mas a R$ 20 por unidade… com uma margem de rentabilidade muito maior.

Você provavelmente não pode depender apenas de um único provedor, mas se puder reduzir e centralizar um pouco, melhor.

Procure financiamento alternativo

A dos bancos está bem, porque você sabe que são entidades fortes e geram confiança.

Mas os interesses são uma armadilha que pode forçá-lo a fechar ou impedir que você cresça quando vê uma oportunidade adequada.

Procure alternativas com taxas de juros bem mais baixas, que permitem ter recursos extras para realizar campanhas ou investimentos específicos sem pagar a mais.

Automatize processos.

A tecnologia é um recurso maravilhoso para evitar tarefas repetitivas e tediosas que normalmente exigem muito tempo.

Inserir dados de notas de despesas em programas de contabilidade para pequenas empresas, por exemplo.

Ou o cálculo de impostos.

Ou a própria geração do relatório de despesas.

Ou geração de relatórios.

Outros métodos de redução de custos em pequenas empresas:

Considere o teletrabalho, que pode ser bom para você como empresa.

Otimiza a cadeia de abastecimento; Quanto mais tempo, mais oportunidades de poupança

Faça parceria com outras pequenas empresas para aumentar os pedidos do mesmo fornecedor e obter um preço ainda melhor.

Crie uma política de despesas para evitar gastos desnecessários por parte da força de trabalho.

Dicas de controle de despesas para uma pequena empresa.

Crie uma política de despesas da empresa.

É preciso criar a bíblia das despesas, para que todos tenham clareza sobre o que pode ser incluído como despesa empresarial e o que não pode, e como proceder em cada caso. Irá ajudá-lo a eliminar possíveis litígios nos processos de reembolso e, acima de tudo, a evitar despesas totalmente desnecessárias.

Realize análises de despesas de sua pequena empresa com frequência.

Uma das vantagens de usar a tecnologia para contabilidade e controle de despesas é que você poderá analisá-las sem esforço.

Você terá sistemas de análise de custos e despesas que permitirão analisá-los categorizando-os, para ver, por exemplo, qual está acima do esperado.

E se você quiser subir de nível, existem ferramentas de análise preditiva que permitem processar grandes gastos e fazer previsões futuras, para que você possa se preparar.

Faça relatórios financeiros e trabalhe com eles.

A análise pode ficar ainda mais fácil se você tiver um sistema que gere relatórios financeiros automaticamente.

A tecnologia permite que você configure relatórios visuais, gráficos e diagramas para que você possa ver informações importantes rapidamente.

Os relatórios financeiros serão muito úteis para partilhar com a equipa e mantê-la motivada, mas sobretudo para obter informações fantásticas para tomar decisões que marcam o rumo estratégico da empresa.

Faça tudo em tempo real.

Outro aspecto fantástico da tecnologia é que você pode obter análises e relatórios financeiros em tempo real. Não é mais necessário esperar o fechamento fiscal para analisar e tomar decisões; sem chance. Você pode programar a ferramenta para enviar o relatório em PDF para seu e-mail todas as manhãs, ou se em algum momento quiser revisar... você o terá em dois cliques.

Em tempos de elevada incerteza como os que vivemos, que afetam especialmente as empresas que não têm tanta margem de manobra, a informação em tempo real é essencial.

9 - A ORIENTAÇÃO PARA O SUCESSO.

Nos empreendedores de sucesso, a necessidade de atingir os objetivos traduz-se numa grande capacidade de trabalho e na tenacidade e perseverança necessárias para manter o rumo traçado. Mas esta habilidade não deve ser confundida com o entusiasmo inicial do empreendedor que monta um negócio. Estes falham muitas vezes porque planejam pouco. Ou têm problemas para manter o negócio porque são pessoas que estão sempre começando coisas, mas não sabem como mantê-las ao longo do tempo, se não colocarem outra pessoa no comando do negócio.

Sua tenacidade e perseverança serão testadas desde os primeiros momentos como empreendedor. Para evitar o bloqueio, é preciso pensar em vencer pequenas batalhas, e não em tentar vencer a guerra. Pequenas conquistas ajudam a alcançar grandes objetivos. Pense, por exemplo, em como você comeria um elefante. Muitas pessoas dirão imediatamente que é impossível comer um elefante. Uma pessoa orientada para a realização dirá aos poucos. Claro, se você planejar bem e dividir em partes, com certeza poderá comê-lo.

Todos os especialistas dizem que é impossível ser empreendedor quando não se tem iniciativa. Além do mais, os empreendedores de raça pura têm uma necessidade tão desenvolvida de criar algo próprio que sabem que serão empreendedores antes mesmo de saberem que negócio vão abrir. Mas muitos outros empreendedores simplesmente procuram uma maneira de fazer o trabalho que gostam em seus negócios. Esse perfil de empreendedores perde o entusiasmo e a motivação necessários para alcançar o sucesso quando os problemas começam. São pessoas que iniciaram um negócio porque queriam ser independentes, mas não valorizaram todos os sacrifícios que essa decisão acarreta e percebem tarde demais que não estão dispostos a assumir esse preço.

A primeira coisa que você deve fazer é identificar a barreira que está impedindo sua iniciativa, para desenhar a estratégia mais adequada ao seu problema. Pode acontecer que a iniciativa seja retardada por hábitos que limitam a sua orientação para a ação, como a tendência para analisar tudo demasiado, a perda de visão do seu negócio, a falta de prioridades claras ou a tendência para ser demasiado perfeccionista com os resultados. . Ou pode ser por causas alheias ao seu controle, como falta de capital ou de apoio necessário para a realização do negócio. Procure desenvolver a sua iniciativa promovendo hábitos que facilitem a tomada de decisões, mesmo nos momentos mais complicados. Por exemplo, acostume-se a analisar o custo-benefício de suas decisões no papel e tome a decisão quando o risco não for alto. Você também deve se acostumar a planejar as coisas, estabelecendo prioridades e evitando tarefas que o desviem de seus objetivos. Organize uma agenda de curto, médio e longo prazo e anote as pequenas conquistas alcançadas para recuperar a confiança no seu projeto. Se você perdeu a iniciativa porque não tem mais clareza sobre sua ideia de negócio, tente recuperar sua visão, identifique o que ainda te entusiasma nele e analise se você tem meios para concretizá-la. Se você não consegue descobrir como fazer isso acontecer, você está perseguindo um sonho inatingível.

A curiosidade é um traço de personalidade de muitos empreendedores. Se você é daqueles que está sempre em busca de novos desafios, se gosta de aprender e tenta sempre superar seus objetivos, você tem aí um dos seus melhores pontos fortes. A curiosidade do empreendedor serve para encontrar novos ramos de negócio, novos mercados e até para lançar novas empresas completamente diferentes umas das outras. Mas também acontece que alguns empreendedores de sucesso tornam-se autolimitados devido a um excesso de confiança que os faz fechar-se às ideias dos outros. Lembramos-lhes um provérbio chinês que diz: quando o aluno está pronto, o professor aparece.

A aprendizagem está intimamente relacionada ao autoconhecimento e à capacidade de aceitar críticas. Nesse sentido, o primeiro passo para melhorar é aceitar que não se sabe tudo. Aprenda a identificar as crenças que limitam sua visão das coisas e a aceitar seus erros. Se você não fizer isso, não há aprendizado possível.

A rotina é outra das principais armadilhas para melhorar a capacidade de aprendizagem. Para não colocar limites em sua mente, acostume-se a buscar novas formas de fazer as coisas e lembre-se que tudo pode ser melhorado. Alimente a sua curiosidade intelectual coletando todo tipo de informação, mesmo aquela que não esteja diretamente relacionada ao seu negócio.

Detectar os próprios limites é uma das chaves para a autoconfiança. Na aprendizagem pessoal, o ponto de vista dos outros também é fundamental. Procure estimular o espírito crítico das pessoas em quem você confia e analise em quais áreas você precisa melhorar.

Melhora outras competências diretamente relacionadas com a capacidade de aprendizagem, como a criatividade, a capacidade de aceitar erros e a comunicação com os outros.

A intuição e a capacidade de antecipar o futuro são dois valores essenciais nos mercados atuais. Todos os empreendedores têm que enfrentar o teste decisivo de resolver problemas com o mínimo de informação em algum momento durante o início ou desenvolvimento do negócio. Ou são forçados a tomar decisões importantes para o futuro do negócio em tempos de máxima incerteza.

Essas duas habilidades, muitas vezes consideradas inatas, têm muito a ver com a forma como lidamos com os problemas. É muito comum que quando surgem problemas nos perguntemos por que não fiz isso? Esses tipos de perguntas nos mantêm presos ao passado. Por outro lado, questões como por quê? Eles nos ajudam a nos situar no futuro: por que vou fazer isso? O que eu quero alcançar?

Para melhorar o pensamento intuitivo, você deve se acostumar a analisar o mercado e a sua empresa de uma forma geral. Se você se concentrar nos pequenos detalhes, estará limitando sua capacidade de antecipar o futuro. Mas lembre-se que deixar-se guiar pela sua intuição não significa que você tenha que desistir de coletar todas as informações possíveis antes de resolver um problema. Ou que você tome decisões importantes sem analisar as consequências. O segredo é aprender a simplificar as informações, ser capaz de detectar as ideias mais importantes para explicar situações complexas e tentar identificar relações que à primeira vista não são óbvias.

Quer você pense que pode ou não, em ambos os casos você está certo.

Esta conhecida frase de Henry Ford reflete muito bem a importância da autoconfiança dos seus promotores no sucesso ou fracasso de um negócio. Se você pensa que pode, é muito provável que consiga, mas se pensa que não pode, irá falhar. E isso não significa que o empresário não tenha dúvidas sobre o seu negócio.

A autoconfiança é testada especialmente em tempos de crise. Você deve ter clareza sobre o que deseja alcançar e como o fará. E saiba que o caminho se faz caminhando porque muitas coisas não sairão como você esperava. Se você tiver confiança, os medos do que acontecerá amanhã serão superados. Se não, você afunda.

A autoconfiança é aprendida a partir do aprimoramento do autoconhecimento. Você deve parar para analisar em que se basearam seus sucessos e fracassos, para detectar onde estão seus limites. Muitas pessoas não confiam em si mesmas porque não sabem quem são, caem no derrotismo e dependem muito da opinião de quem as rodeia.

A autoconfiança é reforçada pelos sucessos alcançados. Atreva-se a enfrentar desafios e a anotar no papel os seus sucessos, juntamente com uma explicação das causas que os tornaram possíveis. Essas informações o ajudarão a tomar decisões sábias quando se deparar novamente com situações semelhantes. Faça o mesmo com os erros, para evitar repeti-los.

Henry Ford também disse que o fracasso é a oportunidade de tentar novamente de forma mais inteligente. Uma ideia que certamente o ajudou a alcançar o sucesso para a Ford Motor Company, depois de ter fracassado em dois projetos anteriores de fabricação de automóveis. Quase todos os empreendedores tiveram que superar algum fracasso no caminho para o sucesso. O melhor empresário faz muitos negócios ruins. Os empreendedores não têm medo no início e aprendemos com os erros. Este é o melhor curso de aprendizagem que você pode fazer.

Como muitas falhas não podem ser evitadas, a melhor vacina contra elas é aumentar a chamada resistência ao fracasso. O principal risco para quem sofre o fracasso é que se sinta um fracassado. É essencial diferenciar entre fatos e julgamentos. Os julgamentos fazem você se sentir um fracasso e o impedem de seguir em frente. Mas se você focar na realidade, nos fatos, poderá ver os fracassos como um aprendizado que o aproxima do seu objetivo.

A capacidade de manter um sorriso durante negociações difíceis ou a capacidade de gerir as emoções mais negativas diante de pessoas hostis pode ser fundamental para obter o apoio necessário para o negócio. No entanto, a experiência mostra que nem todos os empreendedores têm capacidade para suportar a pressão e o stress exigidos pelo processo de criação de uma empresa.

As emoções são muitas vezes inevitáveis. Se alguém grita com você, você fica com medo. Mas você pode aprender a controlar sua resposta e gerar uma emoção diferente. Se num momento de raiva ou tensão você fizer uma pausa, vá com um amigo e relaxe, depois de um tempo você terá gerado uma nova emoção.

Romper a situação é, na maioria dos casos, a melhor maneira de sair de um momento de tensão. Sempre que a decisão ou conflito puder ser adiado para mais tarde, é aconselhável seguir esta estratégia para poder analisar o problema com mais calma. A maioria das pessoas que se irrita facilmente tem reações violentas quando se sente pessoalmente atacada pelo seu interlocutor. Portanto, em negociações difíceis ou quando você tiver que defender seu projeto diante de pessoas hostis, você deve aprender a separar a bola (seu projeto ou suas ideias) do jogador (você mesmo). Se você acha que quando as pessoas atacam seu projeto não estão atacando você pessoalmente, será mais fácil evitar reações negativas. As limitações podem ser do seu projeto, não suas. Muitas vezes as posições opostas estão relacionadas à falta de diálogo. Sempre que uma situação possa gerar conflito de interesses, procure ouvir a outra parte, coloque-se no lugar dela, para tentar encontrar uma situação entre os dois. Se a outra pessoa não cooperar, você deve fazê-la ver que a atitude dela não beneficia ninguém e que você não está disposto a manter a conversa nesses termos.

Erros não são exatamente o mesmo que fracasso, embora ambos sirvam de aprendizado para o futuro. A diferença é basicamente que o fracasso pode ser causado por problemas alheios, enquanto os erros são sempre de nossa responsabilidade. Portanto, assumir a responsabilidade que temos por eles é o primeiro passo para evitá-los.

Outra diferença importante é que o erro nem sempre leva ao fracasso. O erro, detectado a tempo, pode ser corrigido antes que seja tarde demais. É preciso aceitar que a possibilidade de cometer erros faz parte do trabalho. Aqueles que assumem que podem cometer erros podem aprender a identificar porque os cometem e podem identificar as dificuldades que os levam a cometê-los, a antecipar uma resposta antes de cometê-los.

Tem gente que tende a jogar bola fora quando comete um erro. Culpam o mercado, outros, por não terem conseguido atingir os seus objectivos. Com esta atitude você não pode aprender. Você deve assumir a responsabilidade pelos problemas e erros para resolvê-los. Se você não fizer parte da solução, nunca a encontrará.

Outra atitude que limita esta capacidade é a passividade. É preciso se acostumar a repensar tudo, do mais óbvio ao mais absurdo.

Todos os empreendedores têm uma forte orientação para assumir riscos, caso contrário nunca dariam o passo definitivo. O que muitas vezes lhes falha é a capacidade de medir o risco que estão dispostos a correr – muitos descobrem demasiado tarde que não estão dispostos a sacrificar tudo o que o negócio lhes exige – e o nível de risco que podem assumir sem falhar. A euforia inicial e a pressa em tornar o projeto realidade levam-nos a sobrestimar as suas capacidades.

Apesar da importância desta habilidade em todas as fases de uma empresa, a habilidade comercial é um dos principais pontos fracos dos empreendedores. A maioria reconhece que não tem a capacidade necessária para atrair clientes, não tem conhecimento suficiente do mercado ou não sabe organizar a venda dos seus serviços e produtos. A boa notícia é que essa habilidade é fácil de desenvolver, embora muitos empreendedores dispensem-na buscando um parceiro para cuidar dessa área do negócio.

Os especialistas recomendam modificar o comportamento de vendas por meio de exercícios de dramatização. O empresário se depara com situações reais de vendas, que são registradas, visualizadas ou analisadas. Dessa forma, você poderá refletir sobre quais aspectos do seu comportamento, tanto verbal quanto não verbal, podem ter provocado a resposta do cliente, positiva ou negativa. Se for positivo, deve melhorar esse comportamento; se for negativo, deve modificá-lo. O objetivo final é aprimorar suas habilidades mais eficazes e modificar as inadequadas nas diferentes situações de vendas. Recomenda-se também substituir a venda baseada no produto por uma venda mais emocional, orientada para o cliente, que é quem decide a compra. Em suma, melhorar a escuta ativa, o controle das emoções e a empatia para compreender o cliente, saber o que ele quer e poder oferecer-lhe.

Sua capacidade de influenciar e persuadir os outros é tão importante para atingir seus objetivos quanto seu próprio esforço. Claro, lembre-se de que persuadir não significa manipular os outros para seu próprio benefício. O compromisso de longo prazo só é alcançado através da confiança.

A capacidade de persuasão está intimamente ligada às suas capacidades de comunicação: melhore a sua comunicação verbal e não verbal e procure sempre garantir a consistência entre o que diz e o que faz. Sua credibilidade é a chave para ser seguido.

Para persuadir os outros, você deve saber quais são suas motivações e interesses. Lembre-se que comunicar não é falar, é falar pouco e ouvir o outro. A comunicação é a chave para todas as habilidades interpessoais: persuasão, negociação, venda...

Ou você cria uma boa equipe e bons relacionamentos, ou não consegue fazer nada sozinho. É preciso se esforçar para planejar e priorizar os contatos necessários na agenda como qualquer outra atividade da empresa. É bastante óbvio que os contactos são importantes para o empresário, no entanto, muitos negligenciam esta faceta, ou porque se concentram demasiado no trabalho de construção do negócio no dia a dia, ou porque são aqueles que ainda pensam que os contactos surgem, não são eles. são provocados. Nada está mais longe da realidade. Uma boa rede de contactos deverá fornecer-lhe todos os recursos que necessita procurar fora da sua empresa: informação, tecnologia, financiamento, aconselhamento..., e para isso deve planeá-la e desenhá-la com antecedência.

Para se dar a conhecer, convide os seus potenciais clientes para sessões gratuitas de apresentação e teste dos seus produtos. Procure estabelecer um diálogo com as pessoas mais significativas do seu setor, propondo formas de cooperação no mercado, alianças... As associações empresariais são um bom lugar para isso. Não limite as relações a temas estritamente profissionais, procure trocar informações pessoais para criar uma certa cumplicidade: futebol, filhos, projetos... abra a porta para futuras confidências sobre o mercado, para possíveis alianças no futuro...

A negociação é uma habilidade essencial para os negócios e, a menos que você tenha nascido com um dom inato, é preciso aprimorar ao máximo essa habilidade, pois é a principal causa de fracasso entre empreendedores inexperientes.

Durante a negociação você deve adotar uma postura dialógica, buscar uma posição ganha-ganha, e não tentar vencer o outro. Além disso, você deve tentar se conectar pessoalmente com a outra parte. Se você negocia com estrangeiros você tem que tentar demonstrar respeito pela sua cultura... A empatia é muito importante.

Se o seu interlocutor for uma instituição financeira, não pense que estão lhe fazendo um favor; Pergunte primeiro a outras entidades sobre as condições que oferecem e dirija-se ao banco com quem vai negociar com uma posição de: eu tenho isto, o que me pode oferecer?

Agora vamos falar sobre liderança.

Liderar uma empresa não é simplesmente dizer a cada funcionário o que fazer. Entre uma forma de liderar e outra está a capacidade do empreendedor de transmitir o seu próprio entusiasmo à equipe. Um requisito básico para que estejam pessoalmente envolvidos no projeto quando o negócio começar a crescer.

A assertividade é muito importante para que outras pessoas se envolvam no projeto. Você deve se colocar na situação dos seus funcionários e fazer com que eles também se coloquem no seu lugar, fazendo com que se sintam clientes, para que entendam porque determinadas decisões são tomadas.

O diálogo com seus funcionários também é fundamental. Você tem que garantir que cada um tenha muito claro quais são suas obrigações. A comunicação irá ajudá-lo a conhecer o seu pessoal, a detectar as suas motivações e necessidades. Para que as pessoas o sigam e fiquem motivadas, não se esqueça de colocar à sua disposição todos os meios necessários para atingir os seus objetivos.

Por fim, lembre-se de que suas ações são como um espelho no qual os outros se olham. Para ganhar a confiança deles e fazer com que respeitem suas regras, procure sempre agir de forma consistente, admita seus erros quando necessário e não pendure em si mesmo todas as medalhas pelos sucessos alcançados. Eles devem se sentir parte do sucesso.

A tomada de decisões é uma habilidade intimamente ligada à iniciativa e à orientação para a realização, característica de todos os empreendedores. Mas mesmo pessoas com iniciativa e autoconfiança podem sentir-se bloqueadas, por diferentes razões. Na maioria das vezes, o que acontece é que os promotores de negócios têm que tomar decisões difíceis sobre questões que não dominam. A sua insegurança relativamente a estas questões pode limitar a sua capacidade de adoptar uma resposta.

Outras vezes ficam bloqueados na primeira fase de abertura da empresa porque não têm clareza sobre o foco do negócio ou não sabem como avançar quando surgem problemas para os quais não conseguem encontrar solução.

A capacidade de tomar decisões difíceis é diretamente influenciada pela experiência do empreendedor. Quem já passou por um processo anterior de criação de negócios tem mais facilidade para tomar decisões em situações de crise do que empreendedores iniciantes. A estes últimos recomendamos que se esforcem para transformar intenções em ações e que procurem ser mais flexíveis como empreendedores. A capacidade de tomada de decisões está intimamente ligada à flexibilidade.

Analise qual é a origem dos seus bloqueios mentais. Se o seu problema é ser muito analítico, tente acelerar sua capacidade de tomada de decisão acostumando-se a avaliar e sintetizar problemas por escrito. Tente detectar critérios que o ajudaram a tomar decisões bem-sucedidas em diferentes situações, para que você possa colocá-los em prática em situações semelhantes.

Se a sua incapacidade de tomar decisões se deve à tendência de adiar decisões difíceis, force-se a sair dessa armadilha estabelecendo limites para si mesmo. Você tem que planejar, priorizar tarefas com base no seu tempo. Alguns reclamam que lhes falta tempo, e outros, com o mesmo tempo, conseguem grandes coisas, porque agem. Esta é a diferença. Outra forma de nos forçarmos a agir quando estamos num beco sem saída é sair da zona de conforto em que às vezes nos instalamos e que nos impede de procurar novas formas de fazer as coisas. Procure diferentes abordagens para os problemas.

Aprimora outras competências relacionadas com este assunto, como a capacidade de assumir riscos e a criatividade, uma competência fundamental para conceber soluções criativas em tempos de crise.

Muito frequentemente ocorrem mudanças no mercado, inovações tecnológicas, modificações legislativas... Como empresário você deve ter muito claro que quando você tem uma visão de um negócio e diz para si mesmo: esse é o meu caminho, depois de amanhã o mercado pode ter mudado e você precisa se adaptar. Logicamente, a sobrevivência da empresa dependerá da flexibilidade do promotor. Mas também o resto da capacidade da equipe de se adaptar às mudanças. Na gestão da mudança o empreendedor deve envolver todas as pessoas envolvidas no processo. Por exemplo, se você vai implementar novas operações na empresa, poderá descobrir que há pessoas que estão desorientadas com o programa, que não querem se envolver na mudança... Tem que fazer com que vejam que também fazem parte desse mecanismo.

Acostume-se a tomar decisões menos arriscadas de forma improvisada, melhorando assim sua capacidade de reação em pouco tempo.

Procure rodear-se de uma equipa de pessoas o mais heterogénea possível, tanto em termos de formação como de personalidade. Isso o ajudará a aprimorar sua capacidade de adaptação a diferentes maneiras de ver e fazer as coisas.

Não se deixe vencer pela rotina e tente variar ao máximo a forma como você realiza suas tarefas à frente da empresa. Este exercício de autoaperfeiçoamento o ajudará a lembrar que sempre existem caminhos diferentes para chegar ao mesmo lugar. Tente melhorar sua capacidade de antecipar mudanças, aprimorando a intuição e a visão do futuro.

A falta de competências para criar equipas eficazes complicou o crescimento dos negócios da maioria dos empreendedores, precisamente quando tudo parece começar a correr bem. E são muitos os fatores que determinam a formação de uma equipe. Muitos falham na hora de selecionar seus colaboradores por não terem bem definido o perfil do cargo que vão ocupar. Outros cometem o erro de promover as pessoas com quem iniciaram o negócio ou de colocar as pessoas erradas em posições-chave da empresa. E a maioria falha no gerenciamento das pessoas da equipe. Não sabem motivá-los, comunicam-se mal, têm dificuldade em delegar... A incapacidade de delegar é possivelmente a maior dificuldade de quase todos os empreendedores. Para eles a empresa deles é como a de uma criança, é muito difícil deixá-la nas mãos dos outros e acabam procurando pessoas a quem possam dizer o que devem fazer.

Boas equipes devem ser aproveitadas ao máximo. Não tente fazer tudo sozinho e aprenda a delegar. Quanto mais sua empresa cresce, mais responsabilidades você deve delegar. Você deve lembrar que se você trabalha por conta própria, sua empresa sempre viaja com você; Se você é empresário, a empresa funciona quando você não está. Por fim, para reter os melhores, você deve ouvir a opinião dos seus colaboradores e nem sempre tentar impor critérios próprios. Cuide da comunicação com sua equipe, pois quando a empresa cresce parte da comunicação interna se perde.

10 - ÚLTIMAS DICAS

1 - Tenha um plano de negócios claro.

Um plano de negócios estabelecerá onde você está e para onde deseja ir nos próximos anos. Você deve detalhar como vai financiar sua empresa e suas atividades, de que dinheiro vai precisar e como vai ter lucro.

2 – Acompanhe tudo o que acontece no seu negócio.

Você deve monitorar regularmente a evolução da sua empresa. No dia a dia, você deve saber quanto dinheiro tem no banco, quantas vendas está realizando e os níveis de estoque dos seus produtos. Você também deve revisar sua situação financeira mensalmente e dentro do seu plano de negócios.

3 - Certifique-se de que seus clientes paguem em dia.

As empresas podem ter grandes problemas devido a atrasos nos pagamentos dos clientes. Para reduzir o risco de atraso ou não pagamento, você deve deixar suas condições de crédito óbvias desde o início.

4 - Acompanhe suas despesas diárias e dinheiro.

Mesmo as empresas mais lucrativas podem enfrentar dificuldades se não tiverem dinheiro suficiente para cobrir as despesas do dia-a-dia, como pagamentos de aluguel de suas instalações e salários de seus funcionários.

Você precisa saber o fluxo de caixa mínimo que sua empresa precisa para sobreviver e ter certeza de não cair abaixo dele.

5 - Mantenha a contabilidade atualizada.

Se a contabilidade da sua empresa não estiver em dia, você pode estar perdendo dinheiro por não acompanhar os pagamentos dos clientes ou por não saber exatamente quando deverá pagar aos seus fornecedores.

Usar um bom sistema de manutenção de registros ajudará você a monitorar despesas, dívidas e credores, solicitar financiamento adicional e economizar tempo e custos contábeis.

6 - Cumprir os prazos fiscais.

A não declaração e pagamento de impostos pode resultar em multas e juros. São gastos desnecessários que podem ser evitados com um pouco de planejamento prévio.

Manter registros precisos economiza tempo e dinheiro para sua empresa, e você pode ter certeza de que estará pagando apenas os impostos que realmente deve. Portanto, é extremamente importante que você cumpra tempestivamente suas obrigações fiscais.

7 - Seja mais eficiente e controle os custos indiretos.

Sua empresa está funcionando com eficiência máxima? Uma das maneiras mais fáceis de começar a economizar nas despesas é economizando energia. Para isso, você pode fazer um uso mais eficiente dos equipamentos existentes, utilizar luzes LED economizadoras de energia e simplesmente desligar as luzes e equipamentos quando não estiverem em uso.

Entre as áreas que devem ser levadas em consideração para economizar energia estão: aquecimento, iluminação, equipamentos de escritório e ar condicionado.

8 - Acompanhe seu inventário.

O controle de estoque eficaz garante que você tenha a quantidade certa de estoque no momento certo, para que o capital não fique preso desnecessariamente.

Para isso, você pode implementar um sistema para monitorar os níveis de estoque. Controlar isso permitirá que você libere dinheiro e tenha a quantidade certa de estoque.

9 - Obtenha o financiamento certo.

É fundamental que você escolha o tipo de financiamento adequado para o seu negócio: cada tipo de financiamento é pensado para atender a necessidades diferentes. As pequenas empresas tendem a depender mais do financiamento pessoal, mas pode não ser o melhor tipo de financiamento para o seu negócio.

Pesquise como obter crédito para o seu negócio, para não arriscar suas finanças pessoais.

10 - Enfrente os problemas quando eles surgirem.

É sempre muito estressante enfrentar problemas financeiros em uma empresa, mas há ajuda e aconselhamento disponíveis para ajudá-lo a lidar com eles antes que se tornem difíceis de lidar, portanto, procure aconselhamento profissional o mais rápido possível.

Você pode tomar medidas iniciais para minimizar o impacto, como primeiro resolver a dívida e depois melhorar a gestão do caixa. Se você sente que não sabe nem por onde começar, o melhor é procurar um especialista para ajudá-lo a fazer um plano de pagamento e poupança.

11 - Pague um salário a si mesmo.

Se você administra uma pequena empresa, pode ser fácil começar a incluir suas despesas pessoais nas despesas comerciais. Porém, Alexander Lowry, professor e diretor do programa de mestrado em análise financeira do Gordon College, reforça que como pequeno empresário você não deve descuidar do seu próprio papel na empresa e recomenda se compensar. Certifique-se de que suas finanças comerciais e pessoais estejam em dia.

E, por fim, nunca se esqueça do objetivo mais importante:

FICAR

RICO